AF356804

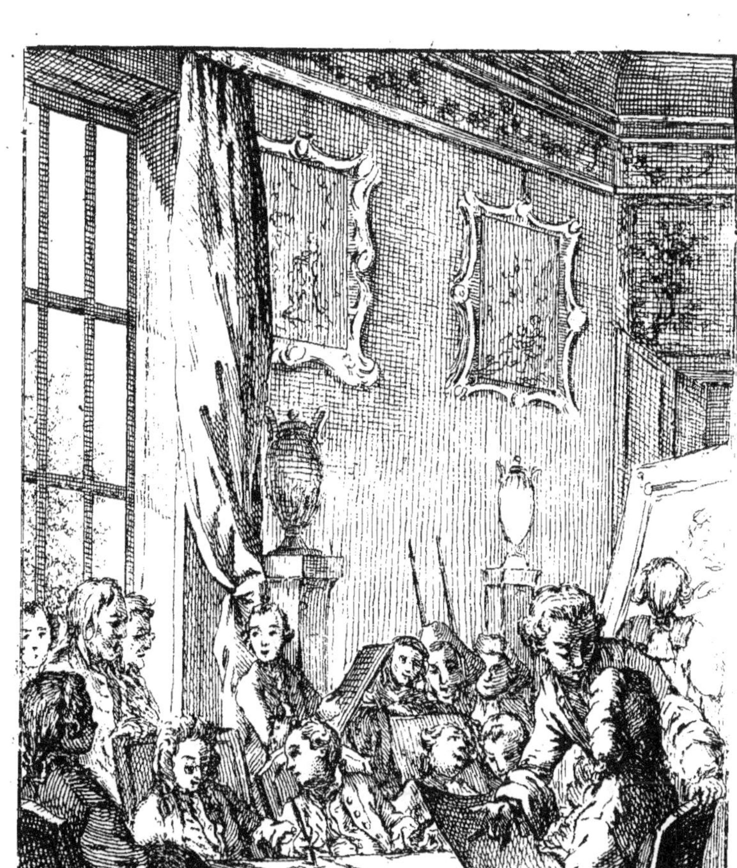
huquier fil Sculp

CATALOGUE

DES TABLEAUX,

MINIATURES,

BRONZES,

VASES DE MARBRE,

FIGURES DE LA CHINE,

ET PORCELAINES,

DU CABINET

DE M. * * *

PAR P. REMY.

La Vente desdits Effets se fera le Lundi 19 Avril de relevée & jours suivants, rue des Saints Peres, proche la rue Taranne.

Ce Catalogue se distribue chez P. Remy, Peintre, rue des Grands Augustins, vis-à-vis l'Hôtel Saint-Cyr.

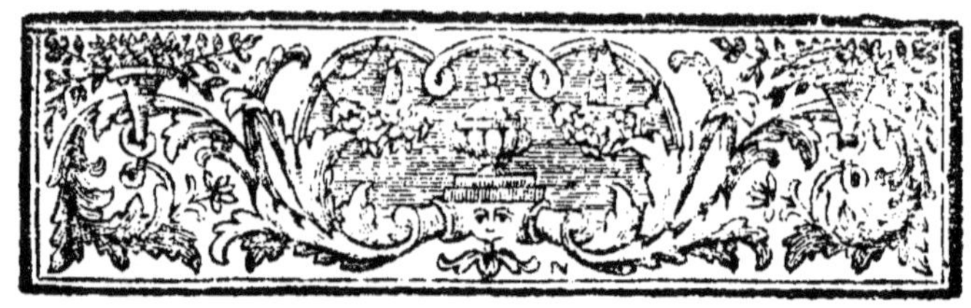

CATALOGUE

*Des Tableaux , Miniatures ,
Bronzes , Vases de marbre ,
Figures de la Chine , Porce-
laines , & autres effets curieux
du cabinet de M. * * ***

TABLEAUX.

1 Deux payfages d'une fraîcheur de
teintes agréable , par *François Boucher.* Dans l'un on remarque fur le
devant un homme dans un bateau ;
à gauche fur le fecond plan , une
femme & un enfant avec un âne
proche d'une baraque ; dans le coin
à droite, un moulin à eau. Le fe-

A

cond tableau a pour objet principal un jeune pêcheur, une femme affise, & un enfant. Ils font fur toile, & chacun porte 18 pouces 9 lignes de haut fur 24 pouces de large.

2 Un payfage enrichi de plufieurs figures & animaux. La compofition eft très intéreflante. Ce tableau eft attribué à *François Boucher.* Il eft fur toile qui porte 26 pouces de haut fur 33 de large.

3 Deux autres tableaux de forme ovale fur toile de 16 pouces 6 lignes de haut fur 13 de large. L'un repréfente une payfanne affife & tenant dans fa main droite une rofe ; l'autre, une femme qui a les pieds dans l'eau ; un bœuf, un chien, un mouton ; plus loin un jeune garçon & un âne.

4 Deux marines ornées de figures fur toile de 18 pouces de haut fur 24 de large, par *Jofeph Vernet* à Rome en 1748. Ces deux tableaux font vigoureux de coloris ; l'un annonce un temps frais, l'autre un foleil couchant.

5 Une vue des Alpes, par *J. Vernet,* ou par *Métay.* On voit fur le devant

un homme debout tenant une ligne,
& un autre homme affis à côté de lui.
Ce tableau eft peint fur une toile de
14 pouces de haut fur 11 de large.

6 Deux autres vues des Alpes avec figures ; chacune eft peinte fur toile
qui porte 16 pouces 3 lignes de haut
fur 13 pouces 3 lignes de large.

7 Une figure reprefentée en marbre
dans un portique orné de guirlandes
de fruits & légumes. On voit fix enfants qui jouent enfemble. On donne
ce tableau à *Rubens*. Il eft fur bois.
Hauteur 33 pouces, largeur 24.

8 Un village volé par des gens armés :
ils arrêtent auffi des voitures publi-
ques. Ces deux tableaux font origi-
naux d'un ancien Maître des Pays-
Bas, fur cuivre : hauteur 14 pouces,
largeur 21 pouces 6 lignes.

9 Différentes perfonnes faifant la col-
lation & jouant aux cartes : on y
compte douze figures. Ce tableau,
peint par *G. V. Herpe*, a du mérite ;
il eft peint fur bois, & porte 22
pouces de haut fur 33 de large.

10 Un intérieur d'églife éclairé du
jour, orné de plufieurs figures d'un

A ij

bon ſtyle , par *H. G. Van Baden* en
1629 , ſur bois : hauteur 13 pouces ,
largeur 17.

87   2   11 Une femme dans un char ; elle
tient un cœur , & eſt accompagnée
d'hommes & femmes diſtingués.

Cérès tenant une gerbe de bled
dans un char , accompagnée par des
gens de campagne. Ces deux tableaux
ſont peints par un Allemand ſur
bois ; ils portent chacun 13 pouces
de haut ſur 19 de large.

76   12 Des Bohémiens ou Bohémiennes ,
dont un tient un flambeau allumé
dans une caverne ; le coloris eſt fort
& l'effet ſavant ; on remarque un
effet de Lune : ſur toile, par *Vander
Poël :* hauteur 10 pouces , largeur
12 pouces 6 lignes.

20   1   13 Un Amour en pied , tenant de la
main droite une fleche & de l'autre
un arc , repréſenté en bas-relief de
marbre blanc de 24 pouces de haut
ſur 18 de large , par *Guerard* d'An-
vers , que l'on ſait avoir excellé
dans ce genre.

182   1   14 Deux tableaux ſur toile chacun de
21 pouces 6 lignes de haut ſur 18

de large, par *Schenau* en 1769 ; ils
font compofés de trois figures : l'une
a pour fujet une difeufe de bonne
aventure qui explique les cartes fur
une table, l'autre un amant déguifé ;
ces morceaux font expreflifs & d'un
coloris agréable.

15 & 16 Deux autres tableaux qui ont
mérité le fuffrage de plufieurs bons a-
mateurs. *Charpentier* les a peints en
1762 fur toile de 13 pouces 6 lignes
de haut fur 20 de large. Le premier
repréfente une marchande de mar-
rons, une autre femme & deux enfants ; le fecond eft une marchande
de bouquets, une Dame, un jeune
garçon, & une femme qui dort
proche de fa hotte.

17 Deux tableaux d'un bon ftyle &
chauds de coloris, par *J. Pillemen*,
repréfentant des petites figures &
des animaux dans un payfage. Sur
toile de 11 pouces 6 lignes de haut,
fur 14 pouces 6 lignes de large.

18 L'accordée de village, compofition de dix figures dans un agréable
jardin orné de fleurs. Sur toile de 3
pieds 10 pouces de haut, fur 25

pouces 6 lignes de large ; par *Parelle.*

19 Un autre tableau du même maître, & de même grandeur que le précédent, repréfente des blanchiffeufes & un berger avec fa bergere au bord de l'eau.

20 Un payfan qui cueille des cerifes, une femme les reçoit dans fon tablier, un autre homme en donne à une femme qui lui montre un œuf, un enfant eft à côté : le fond eft un payfage. Sur toile de 3 pieds 5 pouces de haut, fur 2 pieds 8 pouces de large ; par *Parelle.*

21 Pigmalion amoureux de fa ftatue, des Amours l'accompagnent. Tableau agréable par *Parelle*, fur toile de 33 pouces de haut, fur 26 pouces de large.

22 Cinq femmes au bain dans une efpece de bocage agréable, par *Parelle*, fur toile de 32 pouces de haut, fur 21 de large.

23 Pfyché & l'Amour, par *Parelle*, tableau fur toile de forme ovale, hauteur 4 pieds 9 pouces, largeur 3 pieds 10 pouces.

24 Huit Amours tenant des fleurs :

ce morceau eſt fait pour un plafond, par un bon Artiſte François, ſur toile de 6 pieds, ſur 6 pieds 5 pouces.

25 Une fête de village, compoſition agréable de 14 figures, par *Parelle*, ſur toile de 11 pouces de haut, ſur 14 de large.

26 Un autre tableau du même *Parelle*, il repréſente un berger qui joue du flageolet pendant que ſa bergere orne ſon chapeau de fleurs : le fond eſt une moiſſon. Ce morceau eſt clair & très agréable, ſur bois de forme ronde qui porte 8 pouces 9 lignes de diametre.

27 Une offrande à Priape, par *Parelle*, ſur toile de forme ovale : hauteur 14 pouces 3 lignes, largeur 10 pouces 6 lignes.

28 Le cabinet d'un Peintre & celui d'un Sculpteur ; ils ſont ornés de morceaux de l'art & de pluſieurs figures, par un Maître Allemand, ſur cuivre. Hauteur 14 pouces, largeur 18

29 Deux tableaux repréſentant des gens qui danſent dans l'intérieur d'une maiſon, les figures y ſont en

A iv

grand nombre : ces deux tableaux
font fur bois & portent chacun 11
pouces 6 lignes de haut, fur 14 pouces de large.

30 Plufieurs têtes de tigres, fanglier
& autres animaux très bien peintes
fur toile, par *Quadal :* hauteur 18
pouces, largeur 5 pieds 9 pouces.

30 *bis.* Des chiens attaquant un tau-
reau, tableau fini par le même *Quadal.*

31 Une vieille femme qui tient un
chapelet, elle eft en bufte, fur toile
de 22 pouces de haut, fur 16 pouces
de large, par

32 Des vaifleaux à la voile, tableau
peint fur cuivre par *Sevaine*, hauteur 5 pouces 3 lignes, largeur 6
pouces 3 lignes.

32 *bis.* Deux autres marines auffi fur
cuivre de même grandeur, par le
même *Sevaine.*

33 Deux tableaux peints par *Van Bre-
dael* en 1711, fur toile de 24 pouces de haut, fur 30 de large : dans
l'un on remarque des gens qui ton-
dent des moutons, dans l'autre des
tonneliers.

34 Un bufte d'homme ayant fes che-

veux & fa barbe, par *Holbins*, fur bois : hauteur 14 pouces, largeur 11 pouces fix lignes.

35 Deux tableaux dans le ftyle de Wouwermans, dont un repréfente un manege. Ils font fur bois & portent 13 pouces de haut, fur 17 de large.

36 Un autre tableau dans le même goût, fur bois qui porte 18 pouces de haut, fur 15 de large.

37 Deux tableaux dans le goût de Vanden Veld, peints fur toile : chacun porte 10 pouces 6 lignes de haut, fur 13 pouces 6 lignes de large.

38 Une marchande dans fa boutique, & plufieurs autres figures; un homme jouant de la vielle, eft fur le pas de la porte avec plufieurs enfants Tableau fur bois dans le goût d'Oftade : hauteur 19 pouces, largeur 16 pouces 6 lignes.

39 Une femme affife fur un âne, & plufieurs animaux, fur toile de 19 pouces de haut, fur 28 de large.

40 Un homme & une femme qui s'embraffent, figures prefque à mi-corps, fur toile qui porte 23 pouces de haut, fur 20 de large.

Peintures à Gouache par Wagner sous verre & bordures dorées.

41 Deux payſages dont les cites ſont très agréables : dans l'un on voit ſur le devant un homme ſur un âne, conduiſant ſix vaches ; dans l'autre un homme à cheval & trois vaches dans un ruiſſeau. Hauteur 4 pouces, largeur 6 pouces.

42 Deux autres payſages fort eſtimables enrichis de fabriques : dans le premier il n'y a qu'une petite figure : dans le ſecond il y en a deux, un âne & ſix vaches ſur différents plans : hauteur 4 pouces 9 lignes, largeur 4 pouces 6 lignes.

43 Un vieillard conduiſant deux vaches & trois chevres dans un chemin proche de pluſieurs terreins élevés : ce joli payſage porte 5 pouces 3 lignes de haut, ſur 5 pouces 6 lignes de large.

44 Un autre payſage avec fabriques : on y remarque deux figures dans un chemin proche d'une chaumiere, & des moutons ſur un terrein élevé : hauteur 5 pouces 6 lignes, largeur 5 pouces 3 lignes.

45 Autre paysage aussi avec des fabriques & deux figures : hauteur 5
pouces, largeur 6 pouces 9 lignes.

46 Un paysage où est un moulin cons-
truit sur l'eau : hauteur 4 pouces 7
lignes, largeur 5 pouces.

46 *bis.* Un portrait d'homme & celui
d'une femme en regard, par *Gonzales*, sur cuivre, hauteur, 3 pouces 6
lignes, largeur 2 pouces 10 lignes.

Tableaux en pastel sous verre.

47 Une tête de Negre & le buste
d'Io avec Jupiter, par *La Tour :*
hauteur de chaque, 14 pouces ; largeur, 10 pouces 6 lignes.

48 Une femme qui cherche ses puces,
& une autre qui prend une tasse de
café : ces deux bustes de forme ovale,
aussi par *La Tour*, portent 15 pouces de haut, sur 12 pouces de large.

49 Une femme couchée dans un bosquet, peinte par *Merelle :* hauteur
16 pouces 6 lignes, largeur 13 pouces 6 lignes.

49 *bis.* Vénus & l'Amour, d'après
Boucher hauteur 9 pouces, largeur 11 : par *Merelle.*

A vj

50 Deux buſtes de femmes agréables, de forme ovale : hauteur 15 pouces, largeur 12.

Miniatures.

51 Une marchande de liqueur tenant un verre & une bouteille ; elle eſt vue juſqu'aux genoux & peinte par *Maſſé*, ſous glace en bordure de bronze : hauteur 3 pouces 4 lignes, largeur 2 pouces 4 lignes.

52 Une femme à ſa toilette, vue juſqu'aux genoux : hauteur 2 pouces 5 lignes, largeur 1 pouce 10 lignes, auſſi par *Maſſé*, ſous verre & bordure de bois doré.

53 Deux têtes ou buſtes d'après Van Dyck, peints par un Artiſte intelligent ; elles ſont de forme ronde & portent 2 pouces 8 lignes de diametre, dans des bordures de bronze.

54 Le portrait en buſte de Epiphanus, Capucin, peint par lui-même en 1635. Ce morceau eſt d'une belle fonte de couleurs : il porte 2 pouces 6 lignes, ſur 2 pouces de large, dans une bordure de bois ſculptée & dorée.

MINIATURES
Par M. Charlier.

55 Deux cœurs enflammés fur un autel proche d'un temple où eft la ftatue de Vénus: plufieurs Amours tiennent des guirlandes de fleurs pendant que deux jeunes amants prient cette Déeffe de leur être favorable. Ce morceau qui a beaucoup d'agrément & eft fait pour plaire, eft de forme ovale : il porte 15 pouces de haut fur 12 pouces de large, dans une bordure de bois fculptée & dorée.

56 Diane au bain avec cinq de fes Nymphes, cinq autres femmes, dont deux font dans des rofeaux. Ces deux aimables morceaux portent 6 pouces 6 lignes de haut fur 4 pouces 3 lignes de large.

57 Quatre Bacchantes endormies formant un joli grouppe ; deux Satyres les regardent, & deux Amours voltigent en l'air, un des deux tient deux flambeaux allumés. Ce morceau a pour pendant cinq Naïades & un Triton qui les regarde au travers des rofeaux.

58 Deux autres morceaux très agréa,

bles , chacun de 8 pouces 9 lignes de haut , fur 6 pouces 3 lignes de large , dont un repréfente le jugement de Paris , dans des bordures de bois doré.

59 Le triomphe d'Amphitrite , jolie compofition dans le goût de Bouchardon : hauteur 4 pouces 7 lignes, largeur 6 pouces 3 lignes , dans une bordure de bronze doré.

60 Hercule & Omphale : deux Amours font dans l'air : hauteur 5 pouces 6 lignes, largeur 4 pouces , dans une bordure de bois fculpté , doré.

61 Vulcain tenant le bouclier d'Enée qu'il montre à Vénus ; dans le fond à droite on voit des Forgerons : hauteur 5 pouces 6 lignes , largeur 4 pouces , dans une bordure de bois doré.

62 Une femme debout prête à entrer dans le bain , & la Baigneufe de Lemoine : hauteur de chacun de ces morceaux 7 pouces 6 lignes , largeur 5 , dans des bordures de bois doré.

63 Vénus affife tenant une fleche , & deux Amours , l'un jouant avec des tourterelles , & l'autre ôtant une fleche de dedans fon carquois. Le

pendant de ce morceau eſt compoſé
de deux femmes & de deux Amours.
Hauteur 8 pouces 9 lignes, largeur
6 pouces 3 lignes, dans des bordures
de bois doré.

64 Deux morceaux en rond de 8 pouces 6 lignes de diametre ; dans l'un
eſt repréſentée Flore aſſiſe accompagnée d'un Amour & d'un Zéphyr ;
dans l'autre eſt Vénus auſſi aſſiſe ;
elle tient une fleche qu'un Amour
veut lui ôter : dans des bordures à
rubans, dorées.

65 Un Berger avec ſa Bergere qui
tient des ceriſes ; ils ſont aſſis dans
un jardin très orné. Ce morceau en
rond porte 9 pouces de diametre,
dans une bordure de bois dorée avec
rubans & guirlande.

66 Vénus & l'Amour endormis ; un
Satyre les regarde ; trois femmes
aſſiſes ſortant du bain. Ces deux morceaux portent 2 pouces 3 lignes de
haut ſur 2 pouces 2 lignes dans des
bordures de bronze.

67 Deux femmes couchées en pendants : hauteur 2 pouces, largeur 3,
dans des bordures de bronze doré.

68 Deux autres femmes, l'une cou-

chée, l'autre affife, dans des bordures de bois dorées.

69 Vénus endormie avec un Amour,
& une paftorale : hauteur 2 pouces,
largeur 2 pouces 6 lignes, dans des
bordures, l'une de bronze, l'autre
de bois doré.

70 Une Naïade appuyée fur un Fleuve,
& un Satyre que l'on apperçoit dans
des rofeaux : hauteur 2 pouces 3
lignes, largeur 3 pouces, dans une
bordure dorée.

71 Suzanne furprife par les Vieillards,
& Jofeph avec Putiphar : hauteur
2 pouces, largeur 3.

72 Io dans la nue ; elle eft affife fur
l'aigle de Jupiter. Ce morceau de
forme ronde, porte 2 pouces de diametre, dans une bordure de bronze.

73 Une femme affife fe lavant les
pieds ; elle a du gibier à côté d'elle.
Ce joli morceau en rond porte 2
pouces 9 lignes de diametre, dans
une bordure de bronze.

74 Deux autres morceaux de forme
ronde, dont le diametre eft de 2
pouces 6 lignes ; ils repréfentent
une femme qui lit une lettre, & une
autre qui lit dans un livre : figures

à mi-corps : l'effet eft à la lumiere.

75 Une dormeufe affife, vue jufqu'aux genoux ; elle eft en chemife, fon chien à côté d'elle : hauteur 3 pouces, largeur 2, dans une bordure de bois doré.

76 Une autre dormeufe à mi-corps ; elle a un chapeau de paille orné de fleurs : hauteur 2 pouces 4 lignes, largeur 1 pouce 9 lignes : fon pendant eft une femme tenant un panier de fleurs.

77 Deux buftes de femmes, l'une a les mains dans fon manchon, l'autre lit & tient un chat fur elle : hauteur 2 pouces 6 lignes, largeur 2 pouces, de forme ovale, dans des bordures de bois doré.

78 Le bufte d'une femme vue de trois quarts, & une lifeufe : hauteur 2 pouces 4 lignes, largeur 2 pouces, dans des bordures de bronze doré.

79 Le bufte d'une femme coëffée en cheveux ornés d'une aigrette de diamants & d'une plume ; fon pendant eft une chanteufe dans le goût de Rofalba : hauteur 2 pouces, largeur 1 pouce 6 lignes, dans des bordures de bronze doré.

80 Deux autres buſtes ; l'un d'une Jardiniere, la main droite poſée ſur un arroſoir ; l'autre eſt un homme coëffé d'un turban : hauteur 20 lignes, largeur 18, dans des bordures de bronze doré.

81 Le buſte d'un vieillard à grands cheveux & en manteau rouge, dans une bordure de bronze doré.

82 Le buſte d'une femme joignant les mains : hauteur 2 pouces 2 lignes, largeur 2 pouces, avec bordure en bronze.

83 Autre buſte de femme coëffée à la perſane : hauteur 2 pouces 6 lignes, largeur 2 pouces, dans une bordure de bronze doré.

84 Une femme à mi-corps ayant ſur ſa tête un panier de fleurs où eſt un Amour ; & une femme vue juſqu'aux genoux ſous une treille ; un Amour lui tient le bras droit : chacun porte 3 pouces 3 lignes de haut ſur 2 pouces 1 ligne de large, dans des bordures de bois doré.

85 Une jolie payſanne en buſte, la main gauche ſur ſon viſage : hauteur 2 pouces 6 lignes, largeur 1 pouce 10 lignes.

86 Deux paſtorales très agréables:
hauteur 2 pouces, largeur 2 pouces
9 lignes, dans des bordures de bois
doré.

87 Deux charmants payſages avec fabriques & figures: hauteur 2 pouces, largeur 2 pouces 10 lignes,
dans des bordures comme les précé-
dentes.

88 Un panier de fleurs, ovale de 16
lignes de haut ſur 19 de large.

Bronzes.

89 Déjanire enlevée par le Centaure
Neſſus, & l'enlevement d'une Sa-
bine, d'après *Jean de Bologne.* Ces
deux beaux grouppes ont chacun 15
pouces 6 lignes de haut, ſur des
pieds à jour en bronze doré de 2
pouces 6 lignes.

90 Deux enfants en pendants, d'après
François Flamand; ils ſont aſſis;
l'un tient un arc, & l'autre un
pampre de vigne: hauteur 9 pouces,
non compris des pieds ornés de
guirlandes de bronze doré.

Marbres.

91 Deux vaſes de marbre verd an-

tique , garnis de têtes & pattes de belier , chaînes & autres ornements de bronze doré , fur des focles de granit : hauteur 24 pouces.

92 Deux autres vafes avec des doubles anfes & couvercles de granit : hauteur 24 pouces.

Ouvrages en cire.

93 Deux femmes couchées , l'une fur le ventre , l'autre fur le dos ; elles font dans des cages de verre.

Pagodes prefque toutes de terre des Indes.

94 Un Pénitent Chinois , à tête branlante , tenant un livre de mufique & un reliquaire ; il eft habillé d'étoffe : hauteur 2 pieds 2 pouces , non compris un focle d'albâtre.

95 Deux figures d'homme & femme à tête branlante , repréfentées aflifes ; elles font plus petites que la précédente , & aufli habillées en étoffe.

96 Un garçon & une fille aufli habillés en étoffe : hauteur 7 pouces , fur un canapé.

97 Deux figures en pied , faites par un bon Artifte Chinois ; leurs ha-

billemens sont très riches en pein-
ture & dorure ; l'une repréfente un
Mandarin en habit de cérémonie,
l'autre un vieillard tenant dans fa
main gauche un bâton : hauteur de
chacune 13 pouces.

98 Deux femmes Chinoifes très ornées & d'un bon travail ; l'une tient
dans fa main droite un écran, l'autre
a les mains dans fa manche ; elles
font fur des pieds de bois découpés
dans le goût chinois : hauteur 13
pouces.

99 Un Bonze Chinois branlant la tête
& les mains , & une femme en pied
joliment habillée , pofés fur des
pieds pareils aux précédents.

100 Deux Chinois à tête branlante ,
portant chacun une femme fur leur
dos : hauteur de chaque groupe 12
pouces.

101 Deux femmes chacune d'un pied
de haut : elles font debout.

102 Un vieillard Chinois branlant la
tête , affis fur un rocher , la jambe
droite portée fur fon genou gauche ,
la main droite appuyée fur une par-
tie de rocher : hauteur 11 pouces.

103 Deux femmes Chinoifes affifes ,

l'une a le bras droit appuyé fur une urne ronde, l'autre eft pendant : hauteur de chacun de ces morceaux, 7 pouces, longueur 9.

104 Deux autres figures affifes ; l'une eft un homme, l'autre une femme donnant à tetter à fon enfant.

105 Un Chinois & une Chinoife à tête branlante ; ces figures font affifes : hauteur de chacune 5 pouces 6 lignes.

106 Deux autres figures debout ; elles font mutilées.

107 Deux divinités chinoifes montées l'une fur une efpece de dragon, l'autre fur un animal chimérique : hauteur 10 pouces.

108 Une autre divinité chinoife montée fur un monftre ; à côté eft un enfant ayant les mains levées.

109 Un foldat & un marchand de gimblettes, figures chinoifes grotefques : hauteur d'un pied.

110 L'Empereur de la Chine ; il tient un fceptre d'ivoire de la main gauche, & a la main droite levée : cette pagode porte 17 pouces de haut.

111 L'Afrique, l'Europe, l'Afie &

l'Amérique repréſentées par des figures de femmes , avec des attributs
qui les caractériſent : hauteur de chacune 10 pouces.

112 Une maiſon chinoiſe en bois de
la Chine découpé, ornée de panneaux
de nacre de perle & de pierre de larre
ſculptée ; le deſſus & le dedans ſont
garnis de glace ; ce morceau curieux
porte 36 pouces de haut , 11 de
large & 27 de longueur. Il y a dans
cette maiſon deux mendiants ou eſ-
tropiés en bois coloré.

113 Des caſes en bois de la Chine,
découpées à jour : on les détaillera.

Vaſes de fleurs.

114 Deux vaſes de porcelaine blanche
à bouquets colorés , remplis de fleurs
faites de coquillages , ſous des bo-
caux de verre.

115 Deux bouquets de fleurs artifi-
cielles dans des vaſes à anſes de terre
d'Angleterre blanche & or.

116 Deux autres bouquets de fleurs
auſſi dans des vaſes de pareille terre
blanche & or.

117 Deux autres ; les vaſes ſont de
couleur verte & agréments dorés.

118 Deux vafes de porcelaine bleue du Japon, de forme plate, de 12 pouces de haut fur 6 de diametre, garnis en bronze doré ; l'ornement d'en haut eft foutenu par deux enfants entrelacés de guirlandes de fleurs.

119 Deux vafes du Japon verd d'eau, en forme de poiffons, de 12 pouces de haut fur 6 de diametre, montés en bronze doré, & furmontés de deux anfes.

120 Deux vafes de forme plate, de 12 pouces de haut, en porcelaine ancienne du Japon, fond bleu, avec des deffeins & mofaïques en or.

121 Deux autres vafes de forme plate, de 12 pouces de haut fur 4 de diametre, en porcelaine du Japon, avec des deffeins & mofaïques en or.

122 Des fleurs dans deux vafes ronds de 12 pouces de haut, en porcelaine verte & rofe du Japon.

123 Deux vafes de porcelaine du Japon à cartel, avec figures, oifeaux & plantes ; ils portent chacun 13 pouces de haut fur 6 de large.

124 Une garniture de trois pieces de porcelaine du Japon, fond bleu,

à

à deſſeins blancs , & gros bleu , très
joliment ornée de bronze doré d'or
moulu.

125 Une petite commode en laque de
la Chine , à deux portes ouvrantes
& à panneaux dans le milieu ; le
deſſus eſt de marbre entouré d'une
baluſtrade de bronze doré d'or
moulu découpé à la grecque ; les
coins ſont ornés de ſonnettes ; elle
a 30 pouces de haut , 15 de profon-
deur , & 38 de largeur.

126 Deux tables de marbre ranſe ſur
des pieds à deux conſoles de bois
ſculpté doré.

127 Pluſieurs pieces de porcelaine &
autres objets qui ſeront détaillés.

Nota. On fait actuellement le Catalogue de la Galerie qui renferme une
riche & magnifique collection de co-
quilles, madrepores, minéraux, pierres
fines, ſuite d'oiſeaux & d'inſectes, ou-
vrages d'art en or & argent , & nombre
d'autres objets intéreſſants & curieux
en différents genres , dont la vente ſe
fera à l'amiable. La diſtribution du

B

Catalogue fera indiquée par affiches,
ainfi que le jour que commencera la
vente.

F I N.

Lu & approuvé le 3 Avril 1773,
                    C O C H I N.

Vu l'approbation, permis d'imprimer, ce
7 Avril 1773, DE SARTINE.

De l'Imprimerie de DIDOT, rue Pavée, 1773.